II

# DE L'IMPOT

### SUR

# LE REVENU

PAR

## CHARLES STAEHLING

ANCIEN MEMBRE DE LA CHAMBRE DE COMMERCE DE STRASBOURG

« Il n'est point déraisonnable
« que le riche contribue aux dé-
« penses publiques, non-seule-
« ment en proportion de son
« revenu, mais pour quelque
« chose de plus. »

(Adam Smith. *Richesse des nations*).

## PARIS

IMPRIMERIE MODERNE (BARTHIER Dr)

61, RUE JEAN–JACQUES–ROUSSEAU, 61.

—

1877

b 57
14

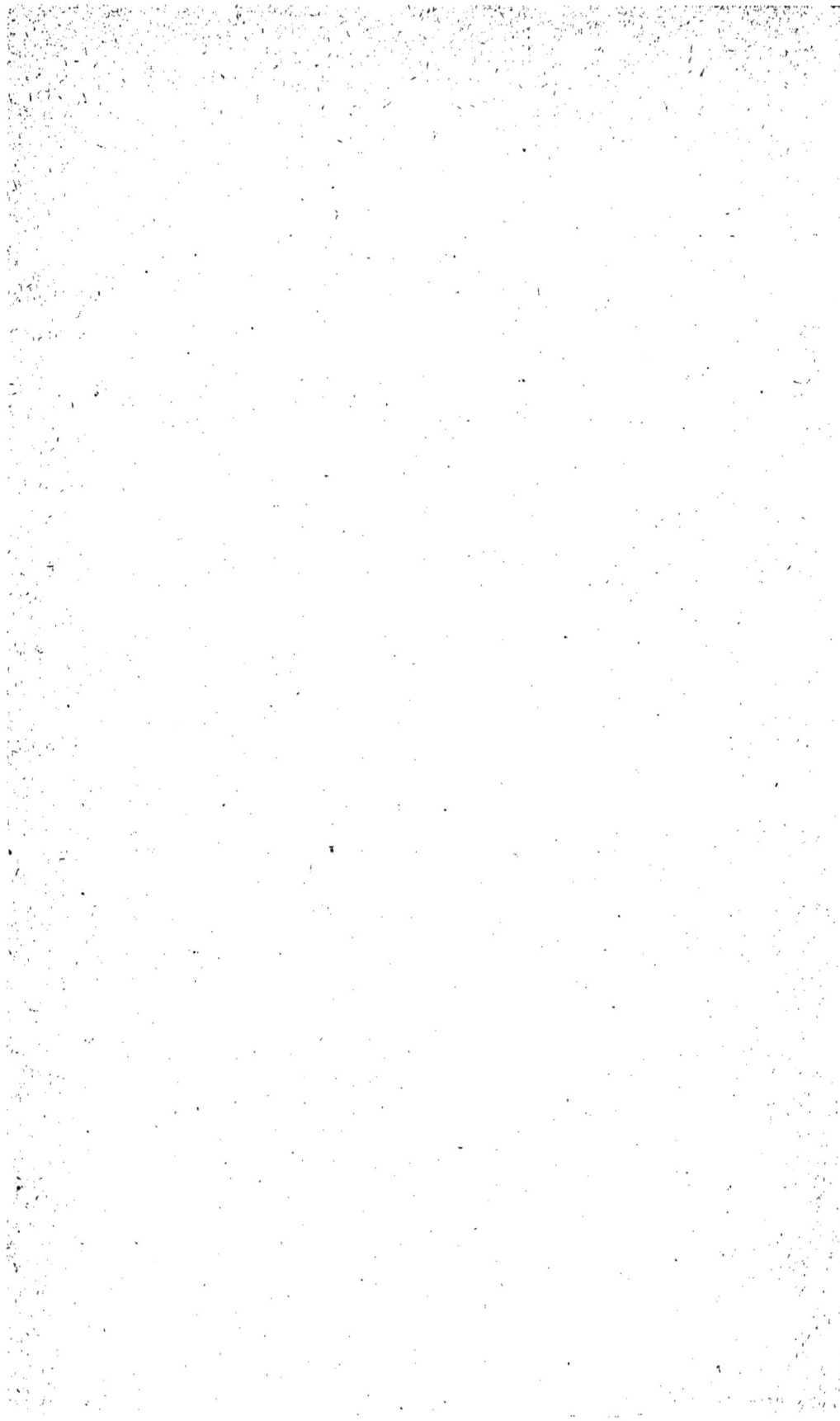

II

# DE L'IMPOT

SUR

# LE REVENU

PAR

## CHARLES STAEHLING

ANCIEN MEMBRE DE LA CHAMBRE DE COMMERCE DE STRASBOURG

~~~~~~~~~~

« Il n'est point déraisonnable
« que le riche contribue aux dé-
« penses publiques, non-seule-
« ment en proportion de son
« revenu, mais pour quelque
« chose de plus. »

(Adam Smith, *Richesse des nations*).

PARIS

IMPRIMERIE MODERNE (BARTHIER Dr)

61, RUE JEAN−JACQUES−ROUSSEAU, 61.

—

1877

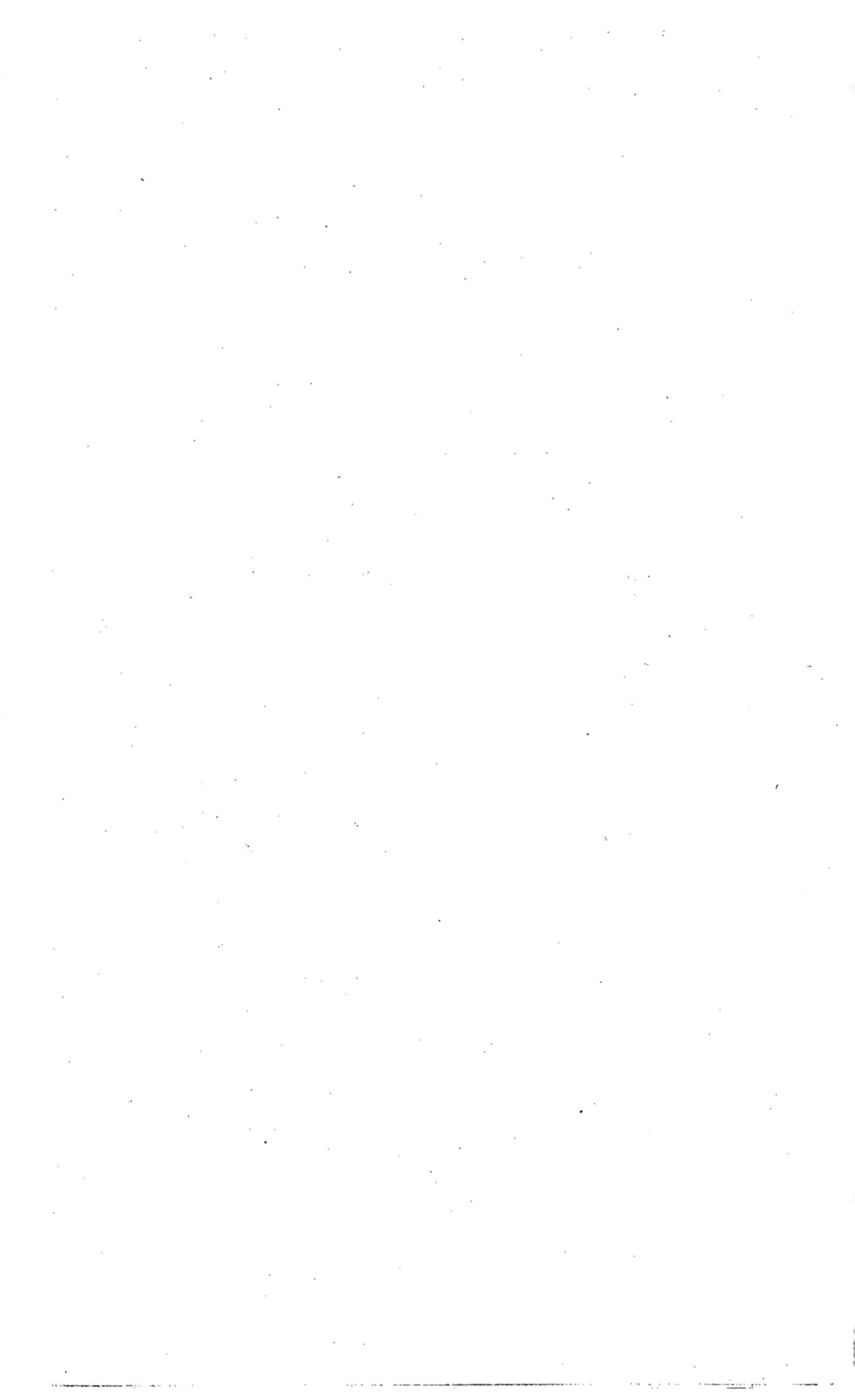

# DE L'IMPOT SUR LE REVENU

*Suite* (1).

Si dans les récentes discussions sur le budget des recettes à la Chambre des députés aucune détermination n'a été prise concernant l'*impôt sur le revenu*, on a cependant pu constater que l'idée même de cet impôt s'est frayé passage dans bien des esprits qui s'y étaient montrés opposés.

Dans ma précédente brochure, l'*Impôt sur les revenus*, j'ai, en me basant sur ce qui se pratique généralement en Suisse, préconisé le système *de la déclaration*.

Le but de cette seconde brochure est :

1° De traiter du système de la *taxation* et de l'établissement d'un droit *simplement proportionnel*, tout en me réservant de combattre l'idée que l'impôt *progressif* est impraticable;

2° De montrer la nécessité d'imposer le *revenu en général, sans distinction de nature ni d'origine;*

---

(1) En novembre 1876, l'auteur a publié une première brochure : l'*Impôt sur les Revenus*, chez Sandoz et Fischbacher.

3º D'arriver à une évaluation approximative de ce que l'impôt proportionnel sur le revenu, même sur une base modeste, peut produire;

4º De parler, pour mémoire, de l'impôt sur la fortune.

*De la nécessité de trouver de nouvelles ressources.* Il est sans doute inutile d'entrer dans de grands développements sur la nécessité de trouver de nouvelles ressources, afin de rendre possible la suppression, à bref délai, des petits impôts si vivement et si justement critiqués, qui ont été votés par la dernière assemblée.

D'après l'exposé de l'honorable M. Guichard, à la séance de la Chambre des députés du 12 décembre 1876, il sera demandé en 1877 un impôt sur:

| | |
|---|---:|
| Les sels . . . . . . . . de fr. | 30,588,800 |
| La chicorée . . . . . . . . | 5,132,000 |
| Le papier . . . . . . . . | 12,177,000 |
| L'huile minérale . . . . . . , | 242,000 |
| Les autres huiles. . . . . . . | 5,818,000 |
| Les savons. . , . . . . . . | 5,744,000 |
| Les bougies stéariques. . . . . | 6,497,000 |
| Les vinaigres. . . . . . . . | 2,552,000 |
| La petite vitesse. . . . . . . | 22,546,000 |
| Total. . . . fr. | 91,296,800 |

Je ne parle pas des tabacs; c'est à mon avis le meilleur des impôts, dont le produit croissant prouve si bien que la gestion de cette immense exploitation est confiée à des hommes experts et intègres, qu'on aurait tort d'y toucher.

Je ne m'arrête pas davantage aux impôts sur les boissons, les sucres et les allumettes; les deux premiers surtout sont trop importants pour l'équilibre d'un budget de dépenses aussi formidablement chargé que le nôtre. La suppression en sera peut-être possible plus tard, mais dès à présent tous les bons esprits seront d'accord qu'il serait juste de supprimer très-prochainement ces petits impôts qui, ainsi que l'a dit M. Guichard, pourraient être appelés l'impôt *progressif* en raison de la misère.

L'impôt *progressif* ne mérite pas les reproches qui lui ont adressés.

Le principal motif invoqué pour combattre le principe de l'impôt progressif, c'est, a dit M. Guichard, dans la même séance, qu'il jetterait le trouble, l'inquiétude dans la société, et qu'il empêcherait l'accumulation du capital.

Mais est-ce bien exact? J'espère prouver le contraire en m'étayant de ce qui se passe sous mes yeux.

A Bâle, la loi *actuelle* de l'impôt sur le revenu a été votée en 1840, et est mise en pratique depuis 1841 ; l'impôt est *progressif*, d'après l'échelle suivante :

Pour un revenu annuel de 1,200 (1) à 4,500 fr. 1 0/0.

Id.　　　id.　　　de 4,500　à 9,000 fr. 2　»

Id.　　　id.　　　au-dessus de 9,000 fr. 3　»

Malgré cette progression, l'accumulation des richesses a été si peu entravée que le tableau officiel (2) indique pour 1875 :

Statistique des fortunes à Bâle.

123 personnes possédant chacune de 500 à 900,000 fr. de fortune.

89 personnes possédant chacune un million et au delà.

Total. 212 riches ou millionnaires, chiffre (3) très-respectable assurément pour une ville de 53,000 âmes, dont il convient de déduire 10,000 ouvriers venus du dehors ! Et l'impôt *progressif* sur le revenu fonctionne

---

(1) Au-dessous de fr. 1,200 on ne paye qu'un droit fixe de fr. 3.

(2) Ce tableau officiel est publié annuellement par la direction des finances à l'occasion de l'impôt sur la fortune dont je parlerai plus loin.

(3) Dans cette catégorie, il y en a qui possèdent jusqu'à 20 millions de fortune.

régulièrement et sans troubler le repos des familles depuis trente-six ans.

**Système de la déclaration.** Ainsi que je l'ai dit dans ma première brochure, à Bâle chacun déclare, dans le courant des mois de mars ou avril, le montant de son revenu du 1er janvier au 31 décembre de l'année écoulée ; de même qu'à Zurich, à Fribourg, à Genève, à Saint-Gall, etc., le conseil municipal nomme une commission spécialement chargée de l'examen de ces déclarations, et de l'aplanissement des difficultés qui peuvent surgir, sauf recours au Conseil d'État ouvert aux deux parties, si un arrangement amiable est impossible.

**Système de la taxation** On m'a objecté qu'en France le système de la déclaration ne pourrait guère s'implanter, que bien des personnes, surtout parmi les très-riches, hésiteraient à déclarer le chiffre de leur revenu annuel, et seraient tentées d'en dissimuler une partie, malgré les pénalités indiquées dans ma précédente brochure ; tandis que ces mêmes personnes, si leur revenu annuel était fixé par une taxation, se soumettraient assez volontiers au payement de l'impôt, pourvu, bien entendu, que le chiffre taxé ne dépassât pas leur revenu réel.

Cette objection me paraissant assez fondée, je ne crois pas devoir insister davantage sur le système de la déclaration, et m'arrêterai donc de préférence à celui de la taxation.

**Mode d'application en Prusse** En Prusse il est appliqué de la manière suivante : les préfets et sous-préfets nomment, avec le concours des maires, des commissions chargées de *dresser* la liste des contribuables et de les *taxer ;* quand ce travail est terminé, les contribuables sont invités à prendre connaissance, sur un registre *ad hoc* ouvert pendant un certain délai, de la taxe qui leur a été imposée, et de faire leurs réclamations, s'il y a lieu. Ce délai expiré, la taxe est exigible pour l'année ; d'année en année, les commissions, quand elles ont des doutes sur le revenu véritable d'un contribuable, haussent la taxe jusqu'à réclamation, laquelle ne manque jamais d'être élevée dès que la taxation dépasse le chiffre véritable.

*De la taxe pro-portionnelle.* Bien que j'aie la conviction que le système de l'impôt progressif est logique et équitable, je me tiendrai à la taxe proportionnelle; mais comme cet impôt doit être superposé à ceux existant, que son produit serait des-tiné spécialement à la suppression des petits impôts nouveaux déjà indiqués, il est juste que les faibles revenus en restent exemptés, et qu'il soit tenu compte de ce que la vie est plus chère dans les grands centres que dans les petites villes ou communes rurales; je proposerais donc de dire que sont exemptés :

Dans les villes de 100,000 âmes et au-dessus, les revenus inférieurs à 2,500 fr.;

Dans les villes de 10,000 âmes, jusqu'à 100,000 ex-clusivement, les revenus inférieurs à 2,000 fr.;

Dans les communes au-dessous de 10,000 âmes, les revenus inférieurs à 1,500 fr.

*Taxe uniforme de 2 fr. pour 100 fr. de revenu* Jusqu'à concurrence d'un revenu de 6,000 fr. inclu-sivement, la somme exemptée de l'impôt sera déduite du chiffre du revenu et la différence seulement sera soumise à l'impôt; le revenu imposable étant ainsi déterminé, je propose de le frapper d'une *taxe uniforme* de 2 0/0.

*Exemples.* Pour plus de clarté, je citerai quelques exemples :

Dans une ville de 100,000 âmes et au-dessus, le con-tribuable dont le revenu est taxé à fr. 6,000, ne payera qu'après déduction de fr. 2,500, ainsi de fr. 3,500 seu-lement, soit à 2 0/0, fr. 70; celui dont le revenu est taxé à fr. 7,000 payera l'impôt de cette somme sans au-cune réduction, soit à 2 0/0, fr. 140 (1).

---

(1) Cette disproportion peut surprendre, mais trop d'exceptions compliqueraient tandis qu'il faut simplifier. Du reste, on peut ad-

Dans une ville de 10,000 à 100,000 âmes, le contribuable taxé à fr. 6,000, ne payera que sous déduction de fr. 2,000, donc seulement de fr. 4,000, soit à 2 0/0, fr. 80; celui taxé à fr. 7,000 payera fr. 140.

Dans une commune au-dessous de 10,000 âmes, un contribuable taxé à fr. 6,000 ne payera qu'après déduction de fr. 1,500, soit de fr. 4,500 à 2 0/0, fr. 90; le contribuable taxé à fr. 7,000 payera à 2 0/0, fr. 140.

Autre exemple. Dans une commune au-dessous de 10,000 âmes, le contribuable dont le revenu est taxé à fr. 1,800, ne payera l'impôt que de fr. 300, soit à 2 0/0, fr. 6, puisqu'il'y aura à lui porter en déduction les premiers fr. 1,500, et ainsi de suite.

On taxe le *revenu annuel sans distinction de nature ni de provenance*. Des hommes d'un esprit judicieux et animés certainement des meilleures intentions ont cru devoir faire des distinctions entre les revenus, selon leur nature; les uns étant déjà atteints par les impôts existants, d'autres, comme la rente et les profits individuels (1) du commerce et de l'industrie ne l'étant pas. Ces distinctions devraient, en effet, être faites s'il s'agissait d'une refonte complète de nos impôts; mais le moment n'en semble pas encore venu, et le plus pressé paraît être la suppression des petits impôts créés récemment; M. Guichard, dans la même séance du 12 décembre, en parlant des objections faites contre l'impôt progressif a dit, aux applaudissements de la Chambre:

« Mais est-ce qu'il n'y a pas un impôt progressif
« ayant un caractère plus ou moins antisocial que ce-

mettre qu'un fonctionnaire qui, pour un traitement de fr. 6,000 ne payera que fr. 70, payerait volontiers fr. 140 si on le portait à fr. 7,000.

(1) Le commerce et l'industrie payent bien la patente, mais c'est un impôt souvent très-léger si on le compare aux bénéfices réalisés; je connaissais certaines maisons qui gagnaient annuellement de 50 à 60,000 francs, tout en ne payant qu'une patente de fr. 200.

« lui-là ? Est-ce que l'impôt progressif *en raison de la*
« *misère* ne soulève pas quelques objections dans vos
« esprits ? Avez-vous bien réfléchi à quelques-uns de
« ces impôts, près desquels on passe en souriant ? Mais
« l'impôt de la petite vitesse, sur qui pèse-t-il ? Il ne
« pèse pas sur celui qui fait venir un ballot de soie ou
« des bijoux ; non, ces objets voyagent en grande
« vitesse. Ce qui supporte ces 22 millions, imposés à la
« petite vitesse, c'est le sel, la farine, la viande, le vin,
« la houille, etc., toutes matières premières de l'exis-
« tence humaine. L'impôt sur la petite vitesse est véri-
« tablement un impôt progressif en raison de la misère,
« puis le sel qui vaut fr. 1 à la mine et aux marais sa-
« lants, paye fr. 12 50 de droits, et le malheureux em-
« ploie autant de sel que le riche, il en use même plus
« parce qu'il mange des aliments grossiers qu'il est
« obligé de rendre assimilables, etc.

Je me permettrai d'ajouter : L'impôt déjà existant sur
les valeurs mobilières n'est-il pas aussi parfois progressif en raison de la misère ? De petits rentiers, de
pauvres veuves, avaient placé leurs maigres économies,
fruit de toute une vie de labeur, en obligations de che-
mins de fer, et tel malheureux qui, pour ses vieux
jours, comptait sur un revenu annuel de fr. 150 de ses
10 obligations, l'a vu réduit par la loi à fr. 140. Il est
vrai que son riche voisin qui a 1,000 obligations s'est
aussi trouvé atteint en ne touchant plus que fr. 14,000,
au lieu de fr. 15,000 d'intérêt annuel ; mais la retenue
de fr. 10 que subissait la pauvre veuve sur sa chétive
rente de fr. 150 dont elle a le plus grand besoin pour
vivre, ne lui était-elle pas autrement dure que ne
l'était pour le riche voisin celle de fr. 1,000, sur ses
1,000 obligations qui, très-probablement, ne compo-
saient qu'une portion de sa fortune ?

Je le répète, si l'impôt sur le revenu devait rempla-
cer les quatre contributions directes, il y aurait lieu

de faire, après des études approfondies, les distinctions indiquées par nos grands économistes; mais la question est trop grave pour être abordée maintenant en présence des charges énormes pesant sur la France; le pays a besoin de beaucoup d'argent ; il doit payer les fautes de ses gouvernements antérieurs, et pour arriver, comme on dit, à joindre les deux bouts, il est obligé, non-seulement de créer de nouveaux impôts sur des articles de première nécessité, tels que les huiles, les vinaigres, le savon, la chicorée, etc., mais encore de tirer la quintessence de ceux existants, et ces rigueurs du fisc produisent un malaise qui est loin de profiter à la République ; la discussion sur l'impôt sur les chevaux et voitures à la séance de la Chambre du 22 janvier 1877 en a fourni une preuve nouvelle ; l'honorable M. René Brice, aux applaudissements de ses collègues, a dit qu'il n'y avait pas d'impôt plus impopulaire à la campagne, puisqu'on a frappé de la taxe toutes les voitures servant presque exclusivement à l'agriculture. Le rapporteur, pour soutenir la loi, a dit que les plaintes allaient en diminuant; qu'en 1874, il n'y en a eu que 15,000 contre 23,000 en 1873! mais 15,000 plaintes, c'est encore beaucoup trop, et n'est-on pas d'ailleurs autorisé à penser que s'il n'y a pas plus de réclamations c'est qu'on paye, mais en maugréant contre la République qui a établi ce nouvel impôt vexatoire ; évidemment cela n'est pas là un moyen de la faire aimer dans nos campagnes !

Et penser qu'on n'aurait, comme on dit, qu'à se baisser pour trouver cette centaine de millions ! Et sans faire de tort à personne; car les fortunes moins considérables trouveraient une certaine compensation dans la réduction de prix des denrées dégrevées de l'impôt, et quant aux heureux du jour, leur conscience, quelque endurcie qu'elle puisse être, leur dira qu'au fond il est juste que ceux qui ont de quoi dépenser largement, qui sont dans l'abondance, payent pour les pauvres, pour les deshérités. N'avons-nous pas d'ailleurs sous les yeux l'exemple des autres nations? l'Angleterre, l'Allemagne, la Suisse, l'Italie, ont l'impôt sur le revenu depuis des années; l'Autriche et d'autres pays vont suivre, et la France resterait en arrière!

Évaluation de ce qu'une taxe à 2 0[0 pourra produire en France. A Bâle avec la progression 1, 2 et 3 pour 100, l'impôt sur le revenu produit de 6 à 700,000 fr. par an (1); Bâle a 53,000 habitants, mais dont au moins 10,000 ouvriers ne payant rien, ou au plus fr. 3, droit fixe; cet impôt en France, pour 36 millions d'habitants, et d'après la même échelle, devrait donc produire sur la base de fr. 600,000 pour 53,000 — 407 millions; mais au lieu de la *progression* jusqu'à 3 pour 100, il n'est question que d'un impôt *fixe* à 2 pour 100 avec admission de franchises plus fortes qu'à Bâle où on paye à partir de fr. 1,200 de revenu, tandis qu'en France ce ne serait qu'à partir de fr. 1,500. fr. 2,000 et fr. 2,500, selon l'importance des communes; malgré ces concessions, l'impôt sur ces bases réduites devrait *au minimum* produire 100 millions.

En théorie, et s'il n'y avait que des consciences honnêtes, la *déclaration* serait ce qu'il y a de plus logique pour arriver à une bonne assiette de cet impôt, mais comme le caractère des hommes ne s'y prête pas facilement, la *taxation* peut être préférable; évidemment on opérera au commencement sur un terrain un peu vague, les bases seront incertaines, mais que ce ne soit pas une raison pour hésiter; l'expérience, la pratique, conduiront au bout de peu d'années à des bases sérieuses; du reste, rien n'est parfait dans ce monde et surtout en matière d'impôt, l'établissement d'une taxe sur le revenu rencontrera maintes difficultés, mais qu'on

---

(1) Comme il y a à Bâle des établissements industriels, le produit des impôts varie selon leur plus ou moins de prospérité.

ne se laisse pas arrêter par ces considérations, les
obstacles ne sont pas si grands, les autres pays en
fournissent la preuve. Ce qu'il faut pour réussir, c'est
de la bonne volonté ; il nous faut surtout secouer cette
disposition égoïste qui tend à contribuer le moins possible aux charges de l'État et à nous décharger sur les
plus faibles des obligations qui incombent aux plus
forts ; ce qu'il faut encore c'est de bien se pénétrer de
l'idée qu'il y a là un devoir à remplir, et qu'aucun
esprit bien pensant ne doit s'y soustraire.

# L'IMPOT SUR LA FORTUNE

A Bâle, on n'a pas nos quatre contributions directes ; la foncière, les portes et fenêtres, la mobilière, les
patentes, y sont inconnues ; en revanche, à côté de l'impôt sur le revenu, on a celui du capital ou de la fortune. Celui-ci n'est pas progressif ; chaque contribuable
paye fr. 2 pour 1,000 fr. de fortune. Contrairement à
ce qui se fait pour le revenu où chacun est tenu de faire
sa *déclaration*, la fortune de chacun est fixée par une
*taxation*.

La même commission qui examine les déclarations
du revenu taxe aussi la fortune, et, sans doute pour
ménager des susceptibilités, on a imaginé des classes
correspondantes aux différents chiffres de fortune. En
voici le tableau :

1re classe, fortunes au-dessous de fr. 3,000, exemptées.

| | | | |
|---|---|---|---|
| 2e | — | fortunes de fr. | 3,000 à 6,000. |
| 3o | — | — | 6,000 à 10,000. |
| 4o | — | — | 10,000 à 20,000. |
| 5o | — | — | 20,000 à 30,000. |
| 6o | — | — | 30,000 à 40,000. |
| 7o | — | — | 40,000 à 50,000. |
| 8o | — | — | 50,000 à 60,000. |

| 9º | — | — | 60,000 à 70,000. |
| 10º | —. | — | 70,000 à 80,000. |
| 11º | — | — | 80,000 à 90,000. |
| 12º | — | — | 90,000 à 100,000. |
| 13º | — | — | 100,000 à 125,000. |
| 14º | — | — | 125,000 à 150,000. |
| 15º | — | — | 150,000 à 175,000. |
| 16º | — | — | 175,000 à 200,000. |
| 17º | — | — | 200,000 à 225,000. |
| 18º | — | — | 225,000 à 250,000. |
| 19º | — | — | 250,000 à 300,000. |
| 20º | — | — | 300,000 à 350,000. |

Et ainsi de suite, chaque classe montant de 100,000 fr. en 100,000 fr.

Chaque contribuable est inscrit sur le rôle, sous tel ou tel numéro du tableau, et la lettre d'avis de la mairie, au lieu de porter que le contribuable a été taxé à une fortune de.... indique simplement qu'il a été rangé dans telle ou telle classe, supposons nº 25. En consultant le tableau, vous apprenez que vous êtes taxé à une fortune de fr. 600 à 700,000, et qu'à raison de 2 pour 1,000 vous avez à payer de ce chef. fr. 1,200 (1) ; on a un délai de quatre semaines pour élever des réclamations ; elles ne sont pas nombreuses, et il est rare que, faute de s'entendre avec la commission, on ait recours au Conseil d'État ; le contrôle du classement et une révision officieuse se font annuellement, mais la loi prescrit une révision totale tous les quatre ans.

La dernière révision totale, ou pour mieux dire, reclassification des contribuables, a eu lieu à Bâle en 1875 ; elle a procuré à la caisse cantonale un surplus de recette de fr. 48,000 sur l'année précédente ; au total, la

---

(1) La loi porte que le droit n'est dû que de la plus petite des deux sommes ; ainsi la classe nº 2 ne paye que pour fr. 3,000, soit fr. 6 ; la classe nº 25 ne paye que sur fr. 600,000, soit fr. 1,200 la classe nº 29 que sur 1,000,000, soit fr. 2,000, et ainsi de suite.

taxe produira pour 1876 près de fr. 800,000 ; calculé proportionnellement à la population de la France, cet impôt à 2 pour 100.0 devrait produire 500 millions au minimum; mais rien n'empêcherait de porter la taxe à 3 ou 4 pour 1,000, si l'établissement de cet impôt avait pour conséquence la disparition des quatre contributions directes. Mais tel n'est pas le but de cette brochure ; la situation économique et politique de la France n'est pas telle qu'on puisse tenter dès maintenant un changement aussi radical. Si j'en parle, c'est dans la pensée que les esprits sérieux qui, en France, s'occupent de la question des impôts liront peut-être avec quelque intérêt ce qui se passe chez nos voisins en cette matière.

L'essentiel pour le moment semble être de trouver des ressources, afin d'arriver à la suppression des petits impôts nouveaux qui, outre leur caractère plus ou moins vexatoire, occasionnent des frais de perception très-considérables, et de pouvoir en outre doter dans de plus larges proportions certains services publics. Pour atteindre ce but, le système le *plus simple* est certainement le meilleur, et je ne crois pouvoir mieux résumer ma pensée qu'en reproduisant la teneur d'une lettre que j'ai adressée en décembre 1876 à M. Paul Leroy-Beaulieu, lequel, tout en faisant certaines réserves, a cru devoir la publier dans son journal l'*Économiste,* du 30 décembre 1876.

Nous recevons la lettre suivante, que nous croyons devoir publier, quoique nous n'admettions pas, comme l'auteur, la légitimité d'un impôt progressif :

Bâle, le 17 décembre 1876.

Monsieur,

Sans avoir l'honneur d'être connu de vous, j'ai pris la liberté de vous écrire le 14 courant au sujet de la question des impôts ; je ne me serais pas permis d'abuser de vos moments si j'avais lu plus tôt le *Journal officiel* du 13 cou-

rant, qui me fait voir qu'on est, en France, bien loin de
l'impôt progressif. M. Guichard, dont les intentions démo-
cratiques ne sont cependant pas à suspecter, dit que « si
les esprits peu pratiques, méconnaissant les conditions
de la société, venaient proposer un impôt progressif, on
le repousserait, parce qu'il empêcherait l'accumulation
du capital, etc. »

Pour les Bâlois, ces idées sont une espèce d'hérésie, et
ils sont stupéfaits qu'elles soient émises par de bons esprits
en France ; en effet, on a eu les preuves les plus irrécu-
sables que l'épargne publique n'a jamais été plus prospère.

D'après le rapport de la direction des finances pour 1876,
il y avait 26 imposés pour une fortune de 6 à 700,000 francs ;
30 de 8 à 900,000 francs ; 89 de 1 million et au-dessus ; il y
en a de 5 à 10 millions.

Pour une petite ville de 50,000 âmes, c'est beaucoup, et
la France, malgré ses richesses, aura peu de villes de
50,000 âmes fournissant ces chiffres. Et la loi ne date pas
d'hier : elle a été votée en 1840 et exécutée en 1841, pour la
première fois et immédiatement, sur la base progressive
de 1 0/0 pour un revenu de 1,200 à 4,500 francs ;

    2 0/0      —      4,500 à 9,000   —
    3 0/0      —      9,000 et au-dessus.

Au-dessous de 1,200 francs, on ne paye pas ; est-ce que
cela a empêché l'accumulation des richesses?

Je dois encore ajouter, au risque de vous paraître, par
mes détails, tout à fait indiscret, qu'à Bâle, on a aussi
l'impôt sur la fortune (l'impôt sur la fortune tient lieu des
contributions foncières, portes et fenêtres, patentes, etc.
qu'on ne connaît pas ici) : il était de 1 pour 1,000 ; mais
pour 1876, on l'a doublé en le mettant à 2 pour 1,000
l'État ayant beaucoup à payer ; cet impôt n'est donc pas
progressif. La même commission, qui examine les déclarations du revenu, taxe pour la fortune. La loi ordonne la
révision des listes tous les quatre ans — cette révision a eu
lieu en 1875 — on vous envoie une lettre qui dit que l'on
est dans telle ou telle classe ; pour ménager les susceptibilités, on ne taxe pas à un million, par exemple ; on a imaginé des classes : n° 1, de 3,000 à 6,000 francs ; n° 2, de
6,000 à 10,000 francs, et ainsi de suite ; n° 30 est à 2 millions ; la lettre indique donc seulement le numéro. Les
chiffres, d'autre part, du rapport des finances sont puisés
au chapitre « impôt sur la fortune », puisque, pour le
revenu, chacun déclare, et le rapport, pour garder le secret,
indique seulement le produit total de l'impôt sur le revenu.

Donc, à Bâle, on taxe pour la fortune (on classe dans le
n° 29, par exemple, 1 million), *sans s'inquiéter de la nature
de la fortune ;* et, pour le revenu, on déclare que le revenu
de l'année a été de tant, *sans dire si c'est bénéfice d'affaires,*

*rentes d'État bâlois ou français*, etc., n'importe; on a tant et tant, et celui qui a 100,000 francs de revenu paye volontiers 3,000 francs, puisqu'il lui en reste encore 97,000, bien assez pour vivre largement et capitaliser encore une bonne somme. Cela paraît élémentaire, et cependant la discussion jusqu'à ce jour n'a servi qu'à embrouiller la question.

M. Menier publie un volume pour expliquer que l'impôt doit frapper la chose et non l'homme, qu'il doit représenter la mise en valeur du capital national, etc.

M. Gambetta a un projet avec des cédules; M. Marion, dans la séance du 14, veut imposer la rente pour dégrever le sel; et M. le ministre de répondre que cela nuirait au crédit de la République!

Quand je vois qu'il n'est demandé pour 1877 aux droits sur chicorée, papier, huiles minérales et autres, savons, stéarine, vinaigres et petite vitesse, que 60 millions, qui coûteront peut-être 20 millions de frais de perception, et que l'on pourrait supprimer tous ces droits pour 1878 si on votait maintenant un impôt sur le revenu de 1876, payable en 1877, je me demande comment cette noble nation française, qui fraie le chemin aux idées libérales pour les autres pays, n'aurait pas assez d'abnégation pour s'imposer un droit extraordinaire sur le revenu qui devrait être superposé aux autres impôts, puisque son produit servirait exclusivement à supprimer les droits ci-dessus; et si les idées françaises sont rebelles à une taxe progressive, qu'on prenne donc une taxe unique, comme la Prusse qui, si elle ne brille pas par le sentiment, se distingue certainement par son sens pratique. Il y aurait, du reste, une compensation, puisque quelques denrées et articles diminueraient de prix, et si on prenait, par exemple, 2 0/0, mais en éliminant bien entendu les petits revenus, cela ferait certes une somme respectable; ce serait même un baromètre très-instructif pour connaître, au moins approximativement, la force de production de la France; mais qu'on ne se paye plus de mots, en rendant, par des dissertations à perte de vue, diffus, embrouillé, *ce qui, au fond, est si simple et n'exige qu'un peu de bonne volonté.*

Monsieur, je vous demande bien sincèrement pardon de mon importunité; j'ose espérer que vous voudrez bien me l'accorder en raison de l'intérêt que je ne cesse de vouer à ma chère ancienne patrie.

Veuillez agréez l'assurance réitérée de mes sentiments respectueux et dévoués,

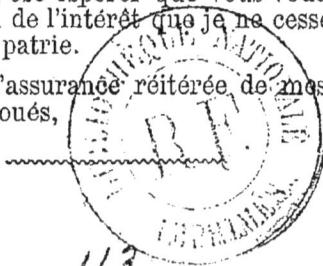

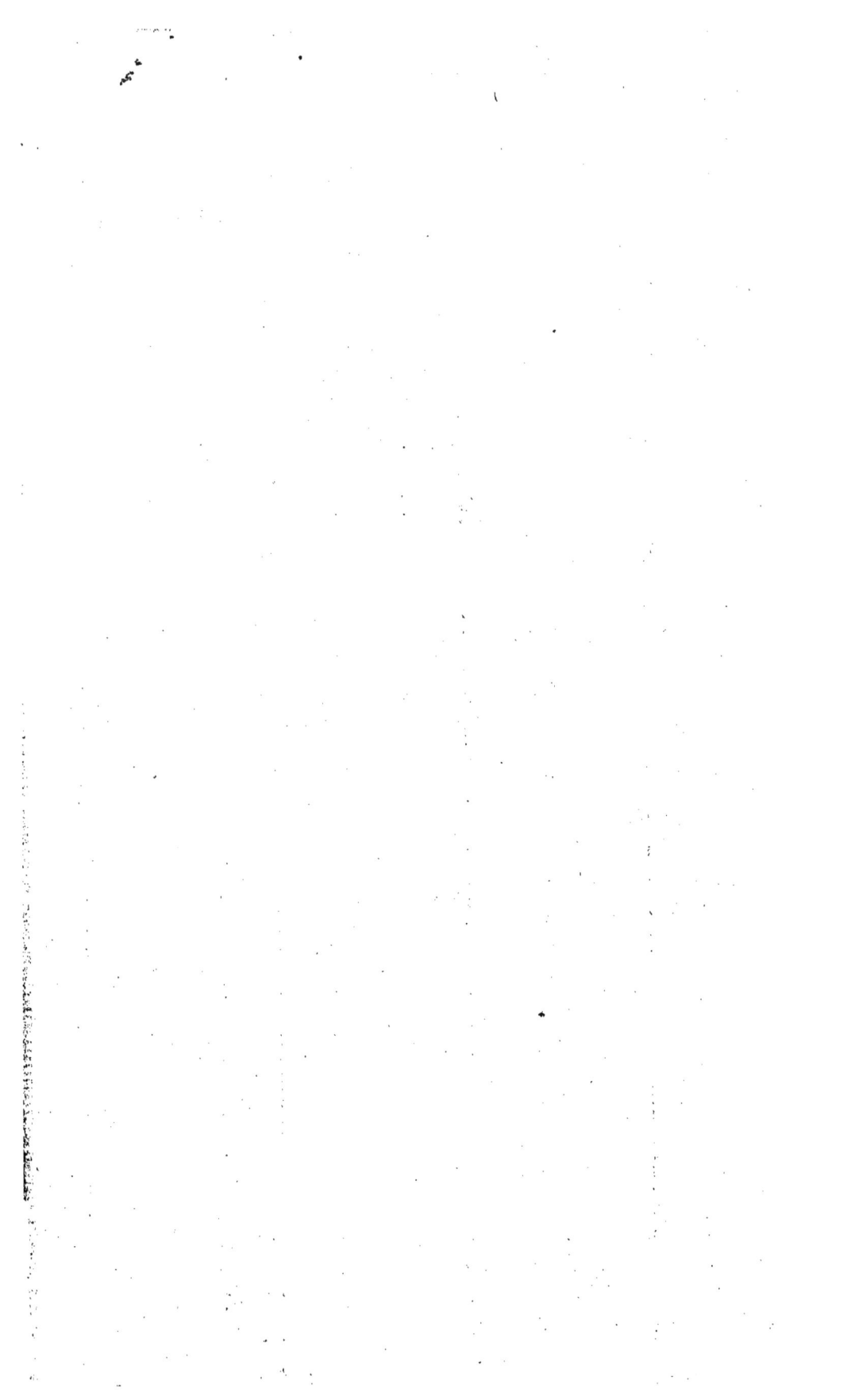

www.ingramcontent.com/pod-product-compliance
Lightning Source LLC
Chambersburg PA
CBHW050433210326
41520CB00019B/5903